불타는 유리컵

신선 시집

시인동네 시인선 217   신선 시집

불타는 유리컵

시인동네

시인의 말

아홉 번째 시집을 낸다.

시집이 쌓일수록 나는 가벼워진다.

비운 자리에 또 다른 집을 짓는 동안
나는 성장하고
다시 헤매기 시작할 것이다.

2023년 10월
신선

차례

시인의 말

제1부

오펜바흐의 슬픔 · 13
비둘기의 진화 · 14
기하학적 도형 · 16
계란프라이 · 17
길 위의 인문학 · 18
불타는 유리컵 1 · 20
불타는 유리컵 2 · 21
산책 · 22
봄의 평설 · 24
코스모폴리탄 · 25
푸드 트럭 · 26
길의 좌표 · 28
망각의 덫 · 29
그해 가을의 잎들 · 30
절망의 양식 · 32

제2부

트라우마 · 35

내부 수리 중 · 36

나는 흘러서 섬이 될 것이다 · 38

정월 바다 · 40

칸딘스키의 포물선 1 · 41

칸딘스키의 포물선 2 · 42

첫눈 · 44

환승역 · 46

물결처럼 · 47

인내할 수 없는 슬픔은 강이 된다 · 48

태풍주의보 · 50

상처, 라는 콘텐츠 · 52

목련 2 · 53

숙면 · 54

조율 · 56

제3부

관계 · 59

명왕성 그대 · 60

소보로빵을 구우며 · 62

창문 근처 · 64

처서 · 65

나부코 그 슬픈 가락 · 66

오디 · 68

단순한 에코백 · 70

폴 세잔의 정물 1 · 71

폴 세잔의 정물 2 · 72

타샤의 정원 일박 · 74

날이 저물면 · 75

봄날의 끝 · 76

달 하나가 · 78

제4부

블랙 마스크 · 81

라임오렌지 · 82

공백 · 84

아보카도 나무 1 · 86

아보카도 나무 2 · 87

피아노 변주곡 · 88

어느 배롱나무 · 90

걸어 다니는 꽃 · 92

입춘대길 · 94

라구나 호수 · 95

여름 어느 날 · 96

은파 그리고 안개 · 98

망막 · 100

너의 부재에 대하여 · 102

냉장고 · 104

해설 떠오르는 기표들의 향연 · 105
　　　　정병근(시인)

제1부

오펜바흐의 슬픔

멜로디에서 빠져나온 음표가 거리를 헤맨다

처연하게 울려 퍼지는 피아니시모가 시린 가슴을 파고든다

가난한 사람들의 발등에 차가운 선율이 내려앉는다

서녘 하늘 노을이 눈썹을 잘라낸다

빈 나뭇가지를 흔드는 음계 사이로 맴도는 바람 소리

달빛은 비정하게 강물 위에서 아이리시 하프를 뜯는다

그리움은 아르페지오처럼 흐른다

비둘기의 진화

아파트를 빠져나온 비둘기들이
광장에 모여 수다를 떤다
분수대에서 치솟아 오르는 물줄기는
시계탑의 어깨를 적시고
자욱한 눈알을 굴리는 비둘기들
포물선을 감아올리며 애처롭게 지저귄다

그림자놀이의 습성에 젖은 새들,
좀처럼 달아날 생각을 하지 않는다
꿈을 접은 새들은 인간들을 두려워하지 않고
바닥을 쪼며 휘어진 부리로
존재의 끈을 갈아 끼운다

도시에 길들여진 비둘기들은
아스팔트 위에 떨어진 댓글을 퍼 나르며
인간들이 던져주는 먹이 몇 조각 물고
인파 속으로 주파수를 던진다

뒤뚱거리는 몸짓이 점점 인간을 닮아간다
검은 눈동자만 살아 있다
비둘기의 진화를 지켜보는 동안
내 겨드랑이가 간지러워진다

기하학적 도형

    허리를 펴면 오므렸다 펼쳐진 길이 대칭을 이룬다 뻗어 나간 평행선은 삼각주를 밀어내고 낯선 경로를 이탈한 비정한 통로에 선다 원뿔이 파열된 통증을 게워낸다 어깨 기운 타워가 몸을 포개는 동안 육중한 무게의 그늘이 비명을 지른다 소리의 진폭을 반으로 접으면 금 간 축대 위에 꿈이 꺾인다 파도를 타고 오르는 유리 궁전 오보에는 가설무대를 휘감고 잘라낸 숲에서 살별들이 태어난다 협곡을 빠져나온 허공이 접선을 한다 판도라 상자의 내력은 잔혹하게 쓰러지고 파동에 겨운 날숨이 진다 비상구를 걷어 올린 출구 아래서 허망한 그림자의 등판이 펄럭인다

계란프라이

자유방임의 유정란이 아침을 구워낸다
프라이팬에서 스케이트를 타다
뜨거운 열에 견디지 못한 노른자가
코팅된 바다로 추락한다
누설에 기댄 폭발성 가스를 밀어낸다
시행착오를 거쳐 쌓아 올린 원형의 꿈,
되돌아갈 수 없는 길은 점점 멀어지고
범람한 강이 문밖에서 질척댄다
깨어진 아니마가 9시를 딛고 지나갈 무렵
나는 열기에 지친 기억을 지운다
창 안을 기웃거리는 햇살은
식탁 위의 사과들을 조명하고
안면 비대칭에 걸린 뼈들이 꿈틀거린다
나를 미행하는 그림자들을
나의 행보에 맞춰 어둠에 묻는다

길 위의 인문학

이슬 떨어지는 소리에 놀라 눈을 뜬다

우주를 뒤흔드는 작은 물방울 하나
창을 열고 아득한 길을 내다본다

어깨를 맞댄 가로수들 사이로
분간할 수 없는 푸른 잎들이 나를 끌고 간다

쏟아지는 햇빛이 출구를 밀어내면
표지판 없는 허공이 페달을 밟는다

나무 그림자들이 행간을 넘나든다
굽이치는 강물보다 먼저 샛길을 통과한다

뒤처진 길 하나가 멈춰 선다
전방에서 잠적한 길이 고개를 든다

나는 피곤한 걸음을 잠시 멈추고

지향할 수 없는 행로의 기인 역사를 다독인다

긴 잠을 밀어내며
길의 다난한 여정을 삼킨다

불타는 유리컵 1

그대 투명한 이빨 사이에서
가지런히 눈부신 해가 떠오른다

바람에 이는 가슴 가득
하얀 동공은 날카롭다

탁자 위에서 닫힌 지평이 눈을 뜬다

그대가 잠든 밤이면
맑은 허공 한 자락 입을 벌려
들판 위에 끝없는 안개 풀어놓는다

눈뜨는 마을이 보이고
가슴 언저리로 물살 경쾌하게 뿜어 올린다
거품 일어서는 그대 심장 위로
날마다 떠나는 인간들의 흥겨운 노래 퍼져나간다

물결은 수평선까지 출렁인다

불타는 유리컵 2

 컵 하나가 동이 트기를 기다린다
 조바심이 가슴을 졸이고 푸른 하늘을 꿈꾸는 창문은 무한 풍경을 펼친다 히야신스 향기 그윽한 뜨락을 건너 소슬바람이 컵 속을 들락거린다

 옷자락이 펄럭일 때마다 미세먼지가 기선제압을 한다 막다른 햇살이 그대 등을 쓰다듬고 지나갈 즈음 투명한 크리스털은 아우라를 내뿜는다

 비어 있으므로 급류를 시도하는 그대, 사바나 벌판을 채우며 멀어져 간다 가벼운 생각이 정오를 지나가며 허공에 부딪힐 때의 파열음, 언제 깨어질지 모르는 생의 길목에서 긴장한 눈시울이 파르르 떤다

 불이 켜지면 통제 균형이 어긋난 어깨를 기운다 그대 언저리에 남아 있는 얼룩은 지워지지 않고 스쳐 간 입술들이 샐비어를 불태운다

산책

수첩 속에 바다가 들어 있다

푸른 물결이 출렁이는 해변도로에서

남자가 왼손을 뻗어 여자를 한껏 들어 올린다

공중으로 치솟아 오르는 여자의 긴 치맛자락이

꽃잎처럼 떨어진다

폴리에스터 원단이 천지사방 흩어지는 사이

기압은 부푼 압력을 게워낸다

조각 퍼즐을 벗어난 지상의 근육질 형상들

무릎 사이로 출렁이는 물결이 포구를 빠져나간다

굳게 다문 남자의 입술에서 피가 터지고

해무를 헤치고 기어 나오는 그림자가 추억을 지운다

봄의 평설

 봄이 가속페달을 밟으며 온다 디젤 엔진이 달아오르고 기습당한 꽃들은 풍문을 퍼뜨린다 감염병이 창궐하고 확산되는 동안 꽃들의 함성은 허공을 뒤덮는다 꽃들의 향기가 지울 수 없는 눈물로 진다 마른 나뭇가지 사이로 폭죽이 터지고 세상은 온통 꽃비로 뒤집힌다 제어할 수 없는 빗줄기가 재가 된 꽃들의 생애를 따라 흘러간다 분노가 피어오른다 무성한 잎들은 자라 짙푸른 눈을 시퍼렇게 부릅뜨고 갈 길 바쁜 꽃들은 겉옷을 내던지고 길 밖으로 내려앉는다 멀어지는 가슴은 산산이 찢어지고 꽃물이 베인 자리마다 푸른 꿈이 자란다 들판은 모조리 비워지고 비로소 푸른 잎들이 자란다

코스모폴리탄

 갈참나무에서 흩날리는 잎들이 젖은 입술을 털어낸다. 잎들은 부산하게 굴러다니는 슬픔을 부풀리고 바람이 부는 대로 전신을 맡긴다. 붉은 잎들과 신작로를 몰려다니면서 예측불허에 잠긴 날씨를 흔들어댄다. 악성 리플을 달고 새로 출시한 독일산 승용차에 오른다. 백미러에 비친 잎들이 파르르 떤다. 우울한 달빛은 소통을 내뿜으며 가을은 더 깊은 수렁 속으로 빠져든다. 경계를 허무는 태양이 온기를 지우며 아스파라가스의 붉은 열매를 쓰다듬는다. 숲속을 파고드는 까마귀의 꿈은 낯설게 어긋나고 흐느적거리는 잎들 사이에서 햇살이 잘게 부서진다. 등뼈 붉거진 통로를 넘어가는 사이 낮달이 빈 가지를 향해 짖어댄다. 뜨거운 땅은 바닥이 갈라지고 머리칼 무성하게 흩날리는 기억을 걷어 올린다. 툰드라의 동토를 거슬러 가는 누런 이파리, 길이 끊긴 자리에서 하늘거리는 출구를 끌어당긴다.

푸드 트럭

숙성한 사유를 달아오른 불판에 올리면
튼실한 붕어 떼들이 튀어 오른다
입천장 그을린 붕어는 거품을 게워내고
아가미가 선명하게 자국을 낼 적마다
얼룩진 생애가 허리를 편다
밀린 대출금은 허기처럼 부풀어 오르고
임대료는 교각을 건너뛴다
여자들은 챙 넓은 모자를 눌러쓴 채
골목길에 스며들어 물고기를 낚아 올린다
노릇하게 익어가는 계절을 기다리며
목이 길어지는 오후,
가스 불을 더 세게 올리고
볼이 부은 세상을 뒤집는다
까맣게 태워진 비늘이 방심하는 저녁,
흔들리지 않는 지느러미를 아쉬워한다
행로를 이탈한 바다를 끄집어 올리자
너울성 파도가 잘게 부서지고
어둠의 발목이 반쯤 잘려 나간다

햇살에 짓눌린 그늘이
발효된 사막을 끌고 가는 길목에서
설익은 절망을 구워낸다

길의 좌표

좌표는 언제나 그 자리에 있다 길은 초조하게 누워 있다 어깨 기운 보도블록은 기우뚱거리고 나를 따라오는 그림자가 살을 벗는다 돌아갈 수 없는 걸음을 지우고 햇살이 유인하는 방향으로 잠적한다 신동비치아파트가 내려다보는 신작로에서 철 지난 장미꽃들이 철책 사이로 얼굴을 내민다 가시에 찔린 태양은 피를 흘린다 붉은 벽돌 틈새로 몰려드는 벌레들이 해독할 수 없는 행보를 꿈꾼다 좌표 없이 흩날리는 마른 잎들을 나무가 끌어안는다 오후가 저장된 기억을 흔들어 깨울 즈음 길게 뻗어 나간 길이 왼쪽으로 휘어진다

망각의 덫

 희미한 불빛을 따라가면 좁은 길은 에스라인을 그린다. 먼지를 뒤집어쓴 가녀린 풀잎들, 웅성거리며 서로 세게 껴안아주고 나뭇잎 사이로 푸른 하늘이 내려앉는다. 잿빛 구름이 치맛자락을 펼칠 즈음

 붉은 담장을 기어오르는 해거름이 풀어헤친 머리를 감아올린다. 나는 주머니 속의 시침을 털어내며 사닥다리를 딛고 허공으로 치솟는다. 날마다 굽은 허리를 곧추세우는 우주 안으로 나는 두 손바닥 위에 호렙 산을 올려놓는다.

 태양이 쏟아지는 생의 한가운데서 동공이 충혈된 바람이 차오른 숨을 고른다. 꼬리표를 매단 욕망은 터널 밖에서 그늘 하나를 끌어낸다. 팔차선 도로에서 허망하게 뒹구는 마른 잎새들 야윈 어깨를 흔든다. 요란한 굉음이 지친 바퀴를 세차게 구르는 찰나 가냘픈 영혼들은 가슴에 불을 지핀다.

 햇살을 잊는다는 것은 나를 우주로부터 차단하는 것이다.

그해 가을의 잎들

벤치 위에 마른 잎 하나 누워 있다

사유 깊은 가을이 셀카봉을 밀어 올리면
앙상한 몸짓은 그로테스크한 포즈를 취하고
마지막 남은 햇살에 시린 몸을 태운다

머나먼 여행을 떠나는 구름이 향방을 내려놓고
옷깃을 말아 올린 가랑잎들은 지상에 발목을 뻗는다
무릎까지 차오르는 온기는 아린 상처를 다독이고
허공은 경계 밖에서 펄럭인다

해 저문 지평은 어둠에 잠기고
입안 가득 헛바늘이 돋은 애드벌룬은
아직도 스카이 콩콩을 뛰고 있다
티브이 뉴스 안에서 폭설이 요동치고
지친 영혼들은 코트 깃을 세운다

중장비를 갖춘 타워크레인이 초고층 아파트를 기어오르는

길목

  질편한 노면은 행인들의 발걸음을 찍어낸다

  용량을 초과한 덤프트럭이 내달리는 육차선 도로 너머
  떠나는 잎들의 뒷모습을 건너다본다

절망의 양식

거꾸로 달리는 적막을 벗겨낸다 고요한 곡선은 파랑이 인다 처연하게 벗겨진 풍경이 시름을 접고 구겨진 모서리가 문양을 적신다 빗금 친 소용돌이 그늘을 펼치면 어둠은 얼굴을 가리고 잿빛 그림자를 게워낸다 통제 불능한 길이 출구를 끌고 간다 걸음을 휘감은 미로가 숨을 몰아쉬는 사이 좌측으로 드러누운 노을이 울음을 삼킨다 레드 카펫 위에 물든 강에서 범람한 물결이 일제히 일어선다 정적을 퍼 나르는 나루가 암울한 서정을 자아낸다 물구나무선 불빛이 쓰러진 운무를 흩뿌리는 오후, 난간에 걸린 하늘이 푸른 눈썹을 펄럭인다 사라지는 것들은 사라지는 대로 무한한 허공에 기대어 몸부림친다

제2부

트라우마

  비 다녀가고, 두려움을 떨치지 못한 물방울들이 창에 매달려 있다. 새들은 낮은 집 담장 아래서 젖은 날개를 말린다. 가벼운 깃털의 무게만큼 새와의 거리가 좁혀진다. 물구나무선 가로수들의 그림자가 짙다. 19층 타워 빌딩에서 내려다보는 벤저민의 시선이 공포에 젖어 있다. 마주치지 말자, 눈 마주치지 말자. 젖은 수정체로 젖은 세상을 밀어낸다. 나는 조금씩 허공에서 밀려난다. 뒤틀린 세상의 뼈가 달아오를 무렵, 나를 바라보는 새들의 붉은 눈빛이 내가 극복해야 할 트라우마가 된다.

내부 수리 중

옷장 안에서 은밀하게 확장되는 곰팡이들
애틋한 이력이 스멀거린다

언제부터였을까
비가 다녀갈 때마다 스며드는 정적이
푸른 영토를 장악한다

풍랑이 스쳐 간 날들은 우울한 기억을 봉인하고
검색할 수 없는 얼룩이 그림자를 타전한다

나는 괄호 속에 들어 있는 의문부호를 꺼내어
현재형으로 바꾼다

막힌 혈관은 고요히 스며들고
젖은 세상이 벌레들의 집을 만든다

젖은 향기를 퍼 나르는 나비목은 걸음을 재단하고
불안을 잘라낸 환상이 뜨락을 적신다

통로가 막힌 비상구가 완화될 무렵
기다리는 안개는 끝내 피어오르지 않는다

나는 흘러서 섬이 될 것이다

수도꼭지에서 흘러내린 물이 개수대를 빠져나간다

여운을 남기며 떨어지는 물줄기는 층계를 쓸어 담으며
강을 향하여 돌진한다

불빛을 따라 파장을 일으키며
시커멓게 변색된 몸이 점점 불어난다

꿈을 꾸며 흐르는 동안 온갖 세상은 정화된다

날이 어두워지는 사이
물줄기를 두고 온 불빛을 그리워한다

강물 위에서 햇살들이 서로를 껴안고 돌아가자
나는 부끄러운 몸을 물속 깊이 잠재운다

드디어 정결한 체온은
내 안 가득 달라붙은 얼룩을 지우며

출렁이는 물살 위에 눕는다

끝없는 부메랑의 연출은 감아올린 지평선을 게워내고
적막한 것은 외로운 섬이 된다

나는 흘러서 섬이 될 것이다

정월 바다

태양이 이른 새벽을 열고 나온다
능선 저편으로 묵은 어둠을 밀어내고
파도는 하얀 물살을 게워낸다
동공을 번뜩이며 환호하는 소용돌이
나는 시간의 원형 속에 연중행사를 오려 넣는다
어제의 허공을 털어낸 새 떼들은
날개를 휘저으며 창공으로 솟구치고
부푼 소망의 애드벌룬을 걸어 올린다
세상이 더 세차게 굽이치고
바다는 굽은 수면을 흩뿌린다
물결이 부메랑을 펼칠 무렵
바닷새들은 묵은 욕망을 씻어낸다
외롭고 길었던 여정을 헐어낸다
태양이 잠든 섬의 둥판을 부추긴다
선착장의 함성들이 긴 잠에서 깨어난다

칸딘스키의 포물선 1

반듯하게 선을 그으면 포물선이 허리를 편다
단절된 소음이 빗발치는 후미진 골목,
적막이 부풀어 오르는 틈새로
자벌레들이 기어 다니고
팽팽한 빗살무늬가 발아를 꿈꾼다
아치형 다리가 도시를 끌고 가는 사차선 도로
분산을 탐색하는 길 위에서
LED 전광판이 망막을 흩뿌린다
이름 모를 꽃들이 메시지를 전송하고
티눈을 벗겨내는 오후가 제동을 걸어온다
변형된 모서리가 날개를 퍼덕이자
나는 나선형 태엽을 감아올린다
어둠은 허기진 길을 견인하고
다리 난간에서 아이들이 손을 흔든다
눈먼 새들이 날개를 저으며
텅 빈 마을의 모퉁이로 사라진다

칸딘스키의 포물선 2

세 개의 실로폰이 소리 없이 울려 퍼진다

너의 흐르지 않는 울음들이 기울어지고
청아한 저항은 봉인할 수 없는 혓바닥을 날름댄다

날카롭게 뻗어 나간 선들이 펼치는 야유,
로터리 사이로 질주하는 긴 로프가 순환선을 풀어놓는다

그물은 뒤엉킨 능선을 부풀리고
은폐된 구름이 이마를 내민다

원형을 벗어난 트랙은 궤도 밖으로 달아난다
이탈한 반지름의 어깨가 반쯤 벗겨진다

생을 마감한 그대 비문을 읽는다

뜨거운 기억을 지우지 못하는 행성이
각혈을 한다 골조 하나 부러지고

사라지는 세상이 각질을 털어낸다

나는 사유가 어긋난 빗금을 일으켜 세운다

젖은 광야는 긴 강둑을 끌어당기고
야윈 아침이 환한 지평을 몰아 온다

첫눈

저문 들녘에 당도한 눈발이 퍼포먼스를 펼치자
정수리 희끗한 산등성이가 꿈틀거린다

초강력 환풍기가 눈보라를 일으키는 사이
세상은 하얗게 변한다

저만치서 성탄 캐럴이 은은히 걸어오고
종소리는 하염없이 능선으로 쓰러진다

전나무 숲이 크로마하프를 켜면
후크로 조절할 수 없는 진눈깨비가 춤을 춘다

지상을 아름드리 디자인하는 큰 손
부풀어 오르는 산들을 잠재운다

헐벗은 나무들의 새살이 차오르고
바람결에 나부끼는 가지들이 반짝인다

사람들은 불빛을 향하여 바삐 걸어가고
눈발에 잠긴 고목은 날개를 퍼득인다

깊어가는 어둠 속에서
교회당 희미한 불빛이 가물거린다

환승역

 달리는 지하철이 노선을 갈아탄다 스쳐 가는 레일은 점차 멀어지고 편성한 7호 전동차의 무게가 덜컹거린다 칸칸이 들앉은 사람들은 낯선 어깨를 겨루며 스마트폰의 구간을 펄럭이고 남몰래 탑승한 바람이 승객들의 머리카락을 흔든다 무임승차한 노파의 손가락 사이로 오후 다섯 시가 졸음을 밀어낸다 그대가 잡아당기는 손잡이를 밀면 어깨 기운 전동차는 속력을 가중하며 달린다 인간들의 스산한 그림자는 행선지를 꿈꾼다 스크린도어에 얼비치는 하루가 노을을 차창 밖으로 걷어올린다 안구를 갈아 끼운 불빛이 어둠을 끌어당기자 허기진 고뇌가 안개에 묻힌다 전동차가 멈출 때마다 신발들이 먼저 빠져나가고 그대 앉았던 자리의 온기는 아직도 따뜻하다

물결처럼

나는 너무 멀리 왔어
낯설고 아득한 골짜기,
나는 막힌 길 앞에서 흐릿한 기억을 떠올렸어
몇 갈래의 길들이 손짓을 하고
내가 선 곳이 어딘지 분간할 수 없었어
일반통행의 보폭이 옐로카드를 꺼내어 보일 때쯤
입력되지 않는 해저의 간격이 덜컹거렸어
흐르는 시간들이 이정표를 검색하는 사이
미지의 길들은 나를 에워싸고 깔깔거렸어
나는 길 한복판에서 한 발짝도 뗄 수 없었어
점점 어두워지는 불안한 눈동자,
혹한 추위가 옷깃을 파고들자
문득 집에 두고 온 외투가 그리워졌어
감지할 수 없는 방향이 나를 누르고
데스마스크의 여백이 포구를 향해 걸었어
불면에 시달린 바람은 뒤척거리고
아무도 찾아오지 않는 길 위에서
나는 그대를 불러댔어

인내할 수 없는 슬픔은 강이 된다

비와 함께 걷는다
어깨를 나란히 하고 듀엣 버전으로 빗방울을 연주한다

사선을 긋는 빗줄기의 유희가 창문을 뜯어낸다

목쉰 빗방울을 세며 그대 함께 걸으면
메마른 가슴 흥건하게 적신다
횡격막을 파고들수록 야유를 퍼붓는
세찬 빗발은 거침없이 쏟아진다

질펀하게 영토를 넓히는 비의 세력
바람의 무게에 눌린 입간판이 덜컹대고
온 산의 나무들이 전신을 흔든다

밀랍 속으로 빗방울이 몸을 숨기자
오래된 지붕이 천장을 감싸 안는다

장화를 준비하지 못한 나는 발목이 시리다

종일 그칠 줄 모르는 빗발 속에서 신발 끈이 부풀어 오른다

지상의 허리를 휘감는 안개는
허물어지는 살갗으로 번져간다
내밀한 혁명은 낮은 곳으로 기울어지고
차가운 기억은 슬라브 지붕을 은밀하게 적신다
가슴 밑바닥까지 차오르는 빗물을 퍼내지 못한 채

인내할 수 없는 슬픔은 강이 된다

태풍주의보

앵커의 마이크에서
쏟아져 나오는 난바다가 물결친다

급류에 떠밀려온 물고기 떼들이 날 선 지느러미를 흔들고
달려온 파도가 해일을 게워낸다

나는 바다에 빠진 낮달의 심장을 건져 올려
카브리해의 물살에 밀어 넣는다

성난 기류는 거센 물결로 출렁이고
해안선은 주름진 이마를 털어낸다
강풍에 휩쓸린 여름이 쓰러지고
난파한 배들이 경고등을 밀어 올린다

라디오 기상 캐스터는
경로를 이탈한 회오리바람의 겨드랑을 펼치며
예측할 수 없는 풍속을 뱉아낸다

초강력 태풍은 고층 빌딩의 목덜미를 휘젓고
번개가 날카로운 빛을 흩뿌리는 동안

시속 74마일을 구가하는 위성이 파열되고
물거품에 인화되는 필름이 풍랑에 떠밀린다

상처, 라는 콘텐츠

　한번 찢어진 상처는 쉽게 지워지지 않는다. 바람은 절망의 언덕에서 울부짖고 푸른 불빛이 세찬 물살을 거슬러 흐르면 살 속에서 뼈들이 통증을 자아낸다. 치솟아 올랐다 가라앉는 빙산들은 남극의 파도에 수장되고 시린 바다는 무의식 속으로 고통을 잠근다. 허공을 메우고 돌아가는 소용돌이, 아득한 꿈을 잠재우고 좀체 아물지 않는 고뇌는 아픔으로 비하된다. 거친 행보를 내달으면 상흔은 비로소 아린 흔적을 남긴다. 해질 무렵 사내들은 팔레트를 펼치고 노을이 그려내는 슬픈 이야기를 스케치한다. 눈시울을 적시는 땅거미의 속살 안에서 어둠이 부끄러운 시간을 덮어준다. 관절이 아린 등을 쓸어낼 즈음 실어증에 걸린 그림자가 돌계단을 내려선다. 덧난 상처는 지울 수 없는 눈물이다.

목련 2

 나는 경남 밀양시 하남읍 파서리 해돋는복지센터 뜨락에 서 있다. 꽃 등불을 켠 손을 높이 들고 차오르는 꿈을 디자인하며 돌담을 서성거린다. 스쳐 가는 칼바람을 밀어내는 은산 마을, 붉게 물든 여섯 손가락을 푸른 하늘에 적신다. 두 팔 가득 온기가 퍼지자 나는 심지에 불을 당겨 술람미 여인의 빛나는 날개를 재단한다.

 눈보라 치던 겨울이 얼음골 저편으로 사라지고 나는 어스름 등불 아래서 그대에게서 온 연서를 읽는다. 아이들의 환호성에 어둠은 진영 밖으로 달아나고 햇살이 마당 가득 진을 친다. 그늘 한 점 없는 거룩한 땅, 눈부신 햇살이 길게 누워 있다. 햇살의 입술이 닿는 곳마다 눈꽃들이 피어나고 세상은 온통 밝은 웃음으로 번져간다.

숙면

내가 잠든 사이
읽다가 덮어둔 시집에서
은유된 활자들이 길을 넘는다

보폭만큼 벌어진 목덜미에서 땀방울이 떨어지고
고요가 소음을 밀어낸다

푸른 들판이 매듭을 풀고 비를 뿌린다
나는 거친 호흡을 뱉어내며
광활한 지평을 향하여 다리를 뻗는다

어둠이 깊을수록 별들은 눈동자를 반짝이고
떠돌이 행성은 출구를 찾아 헤맨다

갇힌 틈을 비집고 벌레들이 기어 다니는 길목,
부풀어 오르는 안개가 술렁이고
나는 소크라테스의 변명을 떠올린다

내 영혼은 팔을 휘저으며
경계의 장벽을 오르내리고
LED 스탠드는 눈꺼풀을 닫고 있다

벽에 걸린 르누아르의 피아노를 치는 소녀들이
긴 머리카락을 휘날리며 음계를 오른다

피아노의 페달을 밟을 때마다
음표들이 자리를 이탈하고
정지된 안단테가 펄럭인다

깊이 잠든 세상은 허공의 안쪽에서 숨을 멈추고
돌아다볼 수 없는 나의 생애를 허문다

조율

  가을 들판이 페스티벌을 펼친다. 갈참나무들은 제 정체를 밝히고 푸른색으로 위장한 잎새들은 비로소 붉은색을 드러낸다. 지상은 온통 화려한 변신을 하고 마른 잎들은 허공을 뒤흔든다. 나의 우울한 생을 짓누른다. 바람의 춤사위는 포르테와 피아노시모 사이를 오가며 거친 변주곡을 가슴 깊숙이 배열한다. 나는 걸어가던 길을 돌아서서 낯선 걸음에 합류한다. 발화를 꿈꾸는 공명들이 울려 퍼지는 들판, 노을은 콘트라베이스 선상을 건너간다. 장엄한 발걸음이 부풀어 올랐다 사라진다. 강기슭을 거슬러 내려오는 물결 사이에서 나는, 지상의 가장 낮은 목소리 하나 건져 올린다.

제3부

관계

안과 밖이 다른 너의 비의(悲意)

우매한 판단을 저어하는 나의 시선
이유 없는 사내들의 유희

내면이 허물어진 사유가 태양을 휘저으며
앙리 마티스의 들판을 헐어낸다

입안 가득 우수를 머금고
붉은 속살을 저민다

퇴화하는 입술을 건너서
나는 너의 나르시시즘을 탐닉한다

명왕성 그대

그대는 어둠을 헤치고 망망대해로 들어선다

가면을 벗고 고요히 회전하는 대로
낯선 세상은 편서풍을 타고 흐른다
지그시 눈을 감고 쏟아지는 섬광은
질긴 우수를 게워내고

풀잎들의 아랫도리가 젖는 사이
나는 흘러내리는 눈시울을 걷어낸다

건널목 휘청거리는 로터리는
지샌 밤의 허기를 털어내고
잘라낸 기억 속으로
발바닥이 뜨거운 인간들이 걸어온다

길은 끝없이 펼쳐지고
허공이 기울어진 그늘 저편,
물오른 나무들은 지상 밖으로 달아난다

나뭇가지에 뿌려진 살별들이

불시착한 정적을 퍼 나를 즈음

궤도 밖으로 이탈한 구름은 환승한 길을 쓸어 담는다

소보로빵을 구우며

숙성이 끝나고
나는 데크 오븐 위에 올라앉는다
코드를 꽂고 레드 버튼을 누르자
불빛에 감전되어 트랙의 커브를 돈다

차가운 몸이 달아오를 무렵

윈도우 밖에서는 저녁 일곱 시가 어둠을 불러오고
눈 감으면 봇물이 쏟아지는 초승달,
허공 속에서 눈시울을 적신다

열선은 달아올라 발효가 확산되고
나의 육신은 점차 부풀어 오른다
내밀한 말초신경이 정맥을 누르면
가파른 층계가 나를 뛰어넘는다

어쩌면 까맣게 타버릴지 모르는 존재가
잔혹한 강박증을 밀어 올린다

언덕을 넘어온 들판은 굽은 허리를 편다
노랗게 익은 속살의 온유가
거친 산봉우리를 세운다

창문 근처

 창문으로 불빛이 새어 나가면 아늑한 온기가 파장을 들고 빠져나간다 문턱의 틈새마다 빗살무늬가 꿈틀거리고 역방향에서 잿빛 그림자가 벽을 등진다 세상은 속눈썹이 어수선하고 뜨락으로 배송되는 빛의 부스러기들이 소리 없이 뛰어다닌다 경계 밖에서 비대칭을 긋는 그늘의 어깨가 반쯤 잘려
 나
 가
 고
 인동초는 젖은 목덜미를 걷어 올린다 딜레마에 빠진 소음이 거리에 양탄자를 까는 사이 괘종시계가 초침을 갈아 끼운다 허공을 향해 쏘아대는 레이저 광선을 채반에 올려놓고 나는 퍼포먼스의 푸른 정적을 걸러낸다 아이보리 블라인드를 걷어 올리자 이마 환한 거리가 속도를 드러내고 나는 새로 구입한 오아시스에 프리지어를 촘촘히 꽂는다

처서

키 큰 빗줄기가 요란스레 걸어온다
입안에 돋은 헛바늘을 털어내며
무릎 터진 대지를 헤집는다
난류에 전이된 집중호우
기상청 레이더가 더위를 게워내고
숲에서 풀무치가 운다
나는 부서진 물살에 허우적대는 태양을 걷어 올려
아라바의 물결에 흩뿌린다
뜨락을 새어 나온 불빛이 하늘거리고
서늘한 바람이 방파제의 팔뚝을 적실 때마다
커다란 뇌성이 울부짖는다
인파가 빠져나가는 모래톱이 해쓱하고
얼룩진 상흔을 벗겨내는 강기슭
스쳐 간 풍경들이 아린 기억을 쏟아낸다
뜨거운 것은 하염없이 녹아내리고
파열된 풍랑이 해안선을 갈아 끼운다

나부코 그 슬픈 가락

바빌로니아 그발 강가에서 물결이 힘차게 흔들렸다
달빛을 타고 흐르는 물이랑은 아흔아홉 개의 큐빅을 세우고
돌계단의 슬픔을 달랬다

병사들의 말발굽 소리 아련하게 멀어지는 기억 저편,
살구꽃은 분홍빛으로 피어올랐다
파도가 벗어놓은 신발을 지켜보며
해안선이 치맛자락에 걸린 소금기를 털어냈다

반짝거리는 햇살이 질곡을 이야기하고
수심 깊은 곳에서 해초들이 메들리로 흐느적거리는 사이
눈먼 물고기들이 지느러미를 흔들며 빠져나갔다

나는 젖은 그림자를 강둑에 부려놓고
허공이 빠져나간 틈새를 가늘게 꼰 실로 바닥을 메꾸었다
빗나간 화살들이 구름을 자아낸 자리에
다시 떠오르는 태양이 광활하게 타올랐다

강물은 무성하게 흘러가고
모래톱 흩날리는 요르단 언덕 위에서
바람이 쓸쓸한 노을을 퍼 날랐다

오디

무르익은 것은 떨어져 땅에 눕는다

제 무게를 지탱하지 못하고 하강하는 여린 몸짓
바람결에 하늘거리다 낙과한다

터질 듯한 함성은 하늘을 덮고
그대 짙은 보랏빛 윤곽을 찾아 잎새 뒤에 숨는다
사투를 벌이며 푸른 꿈을 다독여 갈 무렵
가려진 하늘이 그늘을 밀어낸다
봄부터 비상을 꿈꿔온 열매의 눈망울은 반짝인다

바람이 불 때마다 세차게 흔들리는 까만 눈빛
그대 향한 나의 열망이 까맣게 타들어 가는 동안
나는 내 안에 세운 층계를 오른다
잔가지를 펼치며 욕망을 키워내는 허공의 길
허망한 얼굴을 가리고 창공을 확장한다

소낙비 다녀간 후

무성한 잎사귀가 귀를 닫으면
그대 내 안에서 눈을 뜬다

단순한 에코백

날마다 문을 나설 때면
너는 달려 나와 나의 가슴을 파고든다
무더위가 편서풍을 걷어 올리는 사이
너는 어깨 깊숙이 홈을 파고 늑골을 지운다
구겨 넣은 연체동물의 발꿈치가
거친 벌판을 날아오를 즈음
마트에서 사들인 기호품은 너의 어깨를 부풀리고
너는 형질이 다른 파열음과 뒤섞여
덧난 상처의 자국을 만든다
부풀어 오른 호밀빵은 쉽사리 뭉개지고
나풀거리는 머리카락 사이로 태양이 멈춘다
지쳐 없는 너의 출입구는 종일 입을 벌리고
가벼운 등판은 편견을 걷어낸다
너의 입안 가득 폭염을 뱉어내는 여름 한나절
짓무른 황도의 살갗이 벗겨진다

폴 세잔의 정물 1

식탁 위에 사과들이 널브러져 있다

붉은 사과 곁에서
빨강과 초록이 서로 맞서는 순간
등을 돌린 그림자가 눈을 치켜뜨고 긴장감을 해소한다

연대기를 알 수 없는 문양이
투명한 유리병에 갇혀 있다

접시 안의 과일과
접시 밖의 과일은 서로를 모른다

불일치한 테이블의 배경이 흐려지면
서로 맞닿은 살갗끼리
최선을 다해 허물어질 것이다

폴 세잔의 정물 2

두 개의 볼이
갸름하게 쟁반에 놓여 있다

스물두 살 젊은 여자의 붉은 향기가
그늘을 거느리고 있다

물기가 묻어날 것 같은,
열차에 실려 떠나가는 싱싱한 표정

시끄럽게 소음이 엉키고 차창 밖에는 비가 내린다

버들가지 사이로
한 자락씩 봄이 자란다

나는 지금
살이 무너지고 핏기가 삭은 얼굴이다

두 개의 **뺨**이 시들고 있다

바람 끝에 흔들리는 시든 나뭇잎
열차의 속도만큼 빨리 진다

타샤의 정원 일박

서녘 하늘이 노을을 풀어낸다
눈시울 붉은 어린 저녁
가마우지 떼 일렬횡대로 날아오르고
머리 맞댄 섬들이 파도를 일으켜 세운다
마을버스가 지날 때마다
흙먼지를 뒤집어쓰는 마른 풀잎들
가슴 밑바닥에 가라앉은 기억을 떠올리며
보랏빛 수국이 간다
떠오르는 안개 속으로 유년이 출렁거리자
아련한 어머니 음성
오랜 아쉬움이 부풀어 오르는 사이
해풍이 젖은 머리카락을 어루만진다
벽에 돌아앉은 피아노 뚜껑을 열고
건반의 음률에 맞춰 스와니강을 쏟아낸다
종언을 알지 못하는 박자가 허공을 맴돈다
키 낮은 마을에는 뭇별이 쏟아지고
풀벌레 소리 창문을 두드린다

날이 저물면

마른 잎들은 지향 없이 떨어진다
수북하게 쌓인 우수 위로 야윈 햇살이 내려앉아
허공을 날아간 마일리지만큼 잎들이 쌓인다
바람이 불 때마다 파문을 일으키며
물의 언덕을 뛰어넘는다
마지막 남은 잎새는 벌레가 남긴 상처를 끌어안고
안간힘 하며 나무를 감싸 안는다
낙엽들이 몸을 포갠 언저리마다
적막은 아다지오로 흐르고
온기를 누르며 날이 저무는 심장 사이로 흐느낀다
날이 저물면 새들은 제 처소로 몸을 숨긴다
다시는 일어설 수 없는 처연한 몸짓을 가누며
깃발 속으로 기어든다
날이 저물어도
물살 위의 잎들은 가만히 떠 있다

봄날의 끝

그대 해후의 순간은 찰나였다

벚꽃 흐드러지게 필 때 봄날은 등을 보인다
바람이 불 때마다 떨어지는 꽃잎들
추억 한 꺼풀 벗겨내고 못다 이룬 하소연 애틋하다

찬비 스산하게 가슴을 적시면
한 소절 정적에 젖어
내게서 멀어진 아침 날려 보낸다

흐느끼는 꽃잎들의 그윽한 몸짓
지상은 해독할 수 없는 지문을 감아올리고
그대 여섯 손가락 사이로 빠져나가는 동안
차창 밖으로 뛰어내리는 슬픔
아스팔트 위에 눕는다

눈시울 시린 햇살은 서녘 바람에 나부끼고
흐릿한 안개는 늑골을 파고든다

불시착한 흔적 위에 들풀이 자라고

그대 옷자락 소리 없이 펄럭이는 봄 한철
푸른 잎들은 제 이름을 지운다

달 하나가

하현달이 시나브로 사위어간다
산등성이를 가로질러 신발을 벗는다
거친 손등이 발갛게 부어오르고
연골이 닳아 삐걱거린다
나는 부어오른 복부를 움켜쥐고 아침부터 저녁까지
근력이 빠져나가는 출구를 지킨다
허기는 부풀어 오르고
질긴 직장이 바리게이트를 친다
수척한 영혼은 정적을 풀어내고
심장박동수가 가파른 언덕을 오르내리는 동안
촉수를 세운 그늘이 휘어진다
서 있는 탑은 어둠 속으로 빛을 말아 올리고
복제 불가능한 봄날이 풀잎들의 잠을 걷어낸다
한껏 차오른 만조의 잔물결,
창을 메운 풍경이 온기를 토해낸다
윤달은 서서히 식어가고
희미한 추억이 경로를 이탈한다

제4부

블랙 마스크

가면들이 눈을 치켜뜨고 있다
분장 속에 가려진 그늘이 거친 숨을 내뱉고
질서를 파괴하듯 우주를 밀어낸다
얼굴과 얼굴 사이에서 부딪히는 파열음이
말[言]의 먼지를 털어내고
머릿속에서 빠져나온 망상들은 푸른 생각을 삼킨다
가면에 둘러싸인 자화상의 감정이입
그로테스크한 형상들
틈새 기웃거리는 말의 뼈들이
빨간 모자를 쓴 남자의 머리맡에서 굴러다닌다
주름진 두개골 사이를 비집고
폭풍이 몰아친다
얼굴을 치켜들고 허공으로 쏘아대는 발화
입 밖으로 출입 못한 그리움이 비애를 연출한다
암막 커튼을 벗겨내면
거기, 아무에게도 들키지 않은
욕망이 꿈틀거리고 있다

라임오렌지

나는 어깨를 웅크린 채 시선을 겨루었다
누군가 문을 열어줄 때까지
가슴 졸이며 숨을 몰아쉬었다
바람이 창문을 움켜 뜯으며 지나간 후
나는 문고리를 잡고 몸을 부르르 떨었다

온몸이 흔들릴 때마다
푸른 물결들이 아르페지오를 펼치고
층층 계단은 가파르게 출렁였다

차가운 벽 속에 칸칸이 들앉은 햇살의 눈빛
스쳐 간 에메랄드 해안을 떠올리며
신물이 치받치는 가슴을 추스렸다

별똥별들은 깊은 물속으로 가라앉고
이슬에 젖은 나는 라임 껍질을 벗겨냈다

발화되지 못한 꿈들이 허기를 말아 올릴 즈음

나는 푸른 슬픔을 부풀렸다

고인 눈물이 치솟아 오르자
어둠은 후문으로 달아나고
나는 매끄러운 오렌지의 살갗을 어루만졌다

공백
— J에게

이중유리창에 무성하게 자라나는 잎새가
얼굴을 가리고 눈을 감는다

염색체를 분별할 수 없는 무용의 자리
허망한 바닥이 비어 있다

그대 빈자리는 두 개의 기둥으로 벽을 세우고
그늘을 구겨 넣는다

신발 밑창에 깔린 길의 흔적
그림자가 놓고 간 뒤꿈치는 비장하다

담장에서 흘러내리는 흙더미들이
처절한 허공을 치솟아 올린다

비울수록 차오르는 열망이
고개를 쳐들고 눈빛을 걸러낸다

나는 무한 질주를 잠시 멈추고
창 가린 빗살무늬를 읽는다

아보카도 나무 1

    삼월 초순, 너의 근원지를 파고든다. 너는 작은 얼굴을 잎새 뒤에 숨기고 필리핀 선교사댁 담장을 기대고 서 있다. 경계 사이에서 검은 개미들이 기어 나온다. 파송한 메시지처럼 긴 머리카락이 바람에 출렁인다. 출렁거리는 물살에 휩쓸려 민다나오 강물이 반짝인다. 강어귀에서 속눈썹 짙은 나목이 근육질의 물길을 떠밀어낸다. 나는 눈동자 큰 열매 속에서 낯선 여인이 켜는 하프 소리에 귀를 연다. 은은한 멜로디는 메마른 땅을 적시고 내 허기진 영혼을 적신다. 몇 해 동안 열매 맺지 못한 채 너는 혼신의 이력을 게워낸다. 그늘 속의 꽃망울이 만개의 꿈을 매달고 있다. 너는 비로소 움츠린 어깨를 세운다. 둥지를 털어내는 새들이 보인다. 이글거리는 태양이 지구를 달군다. 배고픈 고양이들이 울며 골목 밖으로 달아난다.

아보카도 나무 2

 칸막이 커튼을 걷어 올리면 연두색 남방을 걸친 나무들이 물을 길어 올린다. 빛깔이 은은한 아이보리 가지들, 하얀 머리띠를 동여맨 소년들이 푸른 유니폼을 입고 어눌한 말을 주고받는다. 햇살이 그늘 속으로 스며들자 바람이 몰려온다. 그림자는 짧고 그림은 길다. 한 잎의 나무에 한 잎의 열매들의 형상이 오래 반짝인다. 깊은 웅덩이 속에 떨어진 씨앗은 발아를 믿지 않는다. 청년들을 태운 오토바이가 굉음을 뱉어내며 나무 그늘 속으로 사라진다. 골목마다 아이들의 함성은 식민지 시대의 깃발을 흔들고, 키 작은 나무가 키 큰 나무의 밑거름이 된다.

피아노 변주곡

피아노 건반을 어루만지면
알프스의 노을이 피어오른다

흐릿하게 멀어진 계단을 오르내리며
신명 나는 멜로디가 흘러내리고
치솟아 올랐다가 다시 내려앉는
건반 위의 랩소디

가파른 오르막을 오르는 발자국들이
흥겨운 리듬을 뱉아낸다
눈부신 들판 너머
사내들의 열정이 부풀어 오르고
궤도를 버린 나무들의 열망이 휘어진다

나는 페달을 밟으며
눈 덮인 알프스산을 기어오르다
반월형 빙하에 잠겨든다

기압골에 갇힌 허공이 젖은 몸을 털어내자
하얗게 변신하는 세상
가려진 휘장을 반쯤 걷어낸다

어느 배롱나무

굽은 길을 돌아 외딴 강기슭에 발을 담갔어
부신 햇살이 물결 위에 자맥질하고
여린 가지들은 허공에 길을 냈어
무거운 의상을 벗어던진 홀가분한 겨울
새들이 찾아와 아카펠라로 노래하고
하늘과 땅 사이의 경계를 넘어 강을 뛰어넘었어
나를 에워싸는 구름을 걷어 올리고
늘어난 줄기를 감아올렸어
성숙하지 못한 성장판이 흘러나가고
예고 없는 바람은 잔가지를 수시로 흔들어댔어
전신이 휘청거릴 때마다 나는
신경을 곤추세우고 두 다리로 버티었어
비바람이 스쳐 간 후 쓰러지는 무게의 흔적을 지우며
내 안에 눈부시게 피어날 꽃을 떠올렸어
강줄기를 따라 흐느적거리는 물결 위에
푸른 하늘 한 자락 흩뿌렸어
움츠린 어깨를 일으켜 세우는 영혼의 자리,
부동자세로 선 나는

나이테를 빠져나와 맨몸으로 맞섰어
아린 관절이 팔목을 짓눌리는 뜨락
정적은 아늑한 밤을 기웃거렸어
내 안의 강물을 퍼 올리며
걸어가야 할 전도(前途)를 내다봤어

걸어 다니는 꽃*

한 송이의 꽃이 걸어간다
시선이 오가는 길 위에는 아지랑이가 피어오른다
남서풍이 등을 밀어주는 열대야 속에서
배를 내민 커다란 꽃송이가 과묵하게 발을 옮겨 뗀다

이마에서 땀방울이 직립으로 흘러내리자
젖은 꽃잎 사이에 드리워진 그늘이 오후를 밀어내고
펼쳐진 여덟 개의 꽃대궁이 지구를 돌린다

뜨겁게 달아오르는 연기가 검은 뿌리를 적실 즈음
울음을 터트린 향기는 온 누리에 퍼진다

고개를 치켜든 꽃은
태양을 향하여 무선비상벨을 누른다

긴꼬리제비나비가 앉았던 흔적이 펄럭이면
찬바람이 꽃잎 사이를 켜켜이 헤집는다

움푹 들어간 눈망울이 깜빡일 때마다
열선 감지기가 형형색색 조명을 퍼 올리고
검게 탄 그리움이 윤곽을 드러낸다

―――――――
＊프랑스 화가 페르낭 레제의 도조.

입춘대길

 음울하게 여우비가 지나간다. 꼬리가 잘린 순덕한 모습이다. 추위를 깨우는 발자국이 노크를 하면 소리 없이 전진하는 야윈 비가 흩날린다. 가속페달을 밟는 빗줄기, 마스크를 벗은 겨울나무들이 푸른 움을 내뱉는다. 아파트 상가 앞 바겐세일 광고지가 젖는다. 은근하게 젖은 물기가 흥행을 꿈꾸는 사이, 모바일 그래프는 성근 눈금을 밀어 올리고 거리를 나서는 사람들은 혁명처럼 우산을 펼친다.

라구나 호수*

 어둠이 몰려오고 혼신을 다한 노을이 눈시울을 훔치며 산을 넘는다. 불나방의 날개가 검붉게 나풀거리고 잿빛 구름에 얼굴을 가린 생애가 각혈을 한다. 붉게 물든 물결이 덧칠한 무늬를 새겨 넣으면 포말이 부풀어 오른다. 댓글이 필요 없는 아름다움이다. 실눈을 반짝이는 잔별들이 G선상의 아리아를 펼친다. 입술과 입술 사이 감미로운 리듬이 흐른다. 이국의 밤엔 국경이 없다. 아름다움엔 국경이 없다.

---

*필리핀에서 제일 큰 호수.

여름 어느 날

한여름 밤의 꿈처럼
붉은 옥수수가 도열한 길을 따라간다

신발 밑창에 들러붙는 흙더미를
생의 무게라고 해도 되나
칼날 서걱이는 잎새 사이로 먼바다가 넘실거리고
일렬종대로 몰려오는 에게해의 파도 소리

가슴팍에 칸칸이 들앉은 여울을 걷어 허공에 흩뿌린다

어깨를 겨루며 걸어가는 강둑이 흔들리자
해초의 꿈이 와르르 무너진다
안개는 발효된 포도주로 술렁거리고
결핍된 정서가 덧니처럼 불거진다

베일에 싸여 은밀하게 익은 그대
켜켜이 둘러싼 옷자락을 하나씩 벗길 때마다
바람과 맞서온 경계가 들판을 뱉어낸다

진군하는 길이 경위 15도로 기우는 동안
잠재된 대열이 외벽을 밀어내고
나는 수면 깊은 곳에서 구름을 길어 올린다

그림자를 키운 태양의 손바닥이 돌계단 아래 빗금을 치자
베어 문 길들은 신열을 일으킨다

은파 그리고 안개

바람이 스치고 간 자리에서
그대는 날카로운 칼이 된다
눈물이 마르고 뼈만 앙상한 슬픔이 된다
발목을 적시는 물살들의 자잘한 몸짓
그대는 폭풍이 휩쓴 파문을 다독이며 굽은 등을 뭉갠다

그대가 달려오는 길목에는
눈부신 파도가 몸을 사리고
어둔 세상은 하얗게 바래진다

블루 카펫 위로 푸른 하늘이 내려서면
그대는 다가와 굳게 닫힌 문을 열고
내 시린 어깨에 조용히 내려앉는다

나는 고요한 강이 되어
지상 저쪽으로 솟아오른 휘파람을 퍼 나른다
유년을 덧칠하는 방파제에서
치솟아 오르는 바위의 기상은 누그러지고

나는 별빛들이 벗어놓은 시린 눈망울을 건져 올린다

해가 저물어
그대 사는 마을을 향해 노 저어 가면
나는 다시 피어나는 꽃이 되어
물이랑마다 젖는 은파가 된다

망막

날이 어두워지고
시야는 근시안적으로 흐릿했어
삐걱거리는 가로수들이 망막 속으로 파고들었어

조정할 수 없는 거리가 낯설게 전이되고
조명들이 앙상하게 피어올랐어

마른 잎들은 일제히 떨어지고
추운 나무들의 손등이 벌겋게 부풀어 올랐어

새들이 날개를 털며 사라지고
비명을 지르지 못한 별들은 입술을 다물었어
사변적 톤이 굵어지는 저녁 종소리 졸고
헐벗은 나무들은 눈시울을 붉혔어

집집마다 따스한 불빛 은은히 켜지고
정겨운 목소리들이 두런거렸어
문풍지는 술렁이는 실루엣을 나풀대며

어둠을 문밖으로 퍼 날랐어

낮은 지붕들이 숙성한 온기를 뿜어 올리고
툇마루에는 시린 얼굴들이 기웃거렸어

일그러진 편견을 벗어던지는 직장(直腸) 사이로
엉킨 실타래는 하염없이 풀려나가고
집으로 가는 길은 아득했어

너의 부재에 대하여

하오의 바람이 휘파람을 불면
나는 빗나간 선율의 고독을 다독인다

거친 숨 들이켜며 허공과 밀착하는 사이
너는 엘리베이터를 타고 2호선 지하철에 닿는다

전동차가 덜컹거릴 때면,
에코백의 긴 팔 하나가 왼쪽으로 나풀거리고
금방 구입한 종합감기약이 기침을 한다

계좌이체를 한 은행 창구 버튼의 지문은 지워지고
블랙박스 영상이 신호음의 등을 적실 때
너는 지친 어깨를 걷어 올린다

너의 가슴 밑바닥에 고인
사랑의 무게는 구겨지고
그늘 속에 깃든 너의 부재가 전신을 흔들 즈음

나는 너의 낭랑한 여백을 밀어내고
안경알 너머 새로운 세상이 태어나는 것을 응시한다

냉장고

깊은 밤
냉장고 안에서 여인이 흐느끼는 소리를 듣는다
파동을 일으키는 층간 소음에 귀가 따갑다

푸성귀를 따라온 배추흰나비가 3단 선반에서
뛰어내리다 퍼질러 앉는다
태어난 곳과 살아온 과정이 다른 바다와 들판이
그늘 속에 발을 밀어 넣는다

몸 깊숙이 파고든 세포가 혈관에 걸려
콜레스테롤에 잠긴 얼굴들이 시름시름 앓는다
썩은 것들은 서로 동화되어 간다

입을 봉한 짐승들의 울음소리 듣는다
비닐봉지에 포장된 낙인이 붉다

전리품처럼 에워싸는 안개가 허기를 밀어낸다

해설

떠오르는 기표들의 향연

정병근(시인)

  신선 시인의 시는 매우 빠른 템포의 언술을 구사한다. 하나의 어휘가 충분히 음미되기 전에 또 다른 어휘를 연속적으로 첨가하여 의미를 이어가는 방식이다. 예열 과정이 없이 센 불로 단번에 비등점에 도달하여 끓어오르는 상태를 지속하려는 성향을 보인다. 끊임없이 연속하는 관념어들에 의해 공중에 들어 올려진 시는 마치 표현주의 추상화를 보는 듯하다. 음악(청각)적이고 회화(시각)적인 용어들을 자주 차용하여 시에 이식하려는 의도들이 눈에 띄는데, 이는 장르의 한계를 뛰어넘어 새로운 전위로까지 확장해 가려는 시인의 부단한 노력의 결과로 보아도 무방할 듯하다.

  신선 시인의 이번 시집에는 음악 용어와 회화 취향이 부각

된다. '피아니시모', '아르페지오', '안단테' '포르테' 등등의 용어와 '칸딘스키', '세잔' 등의 작품을 불러와서 청각적이고 시각적인 환상을 동원하고 있다. 그렇다면 신선 시인이 시에서 추구하거나 말하고자 하는 것은 무엇일까. 필자는 '상처', '얼룩', '여섯 손가락', '그대' 등의 단어들에 주목한다. 이들 단어들은 과거의 정신적 상처나 신체적 장애(?) 등과 관련이 있을 법하다. 이런 특징을 기반으로 시집 전체를 이해하는 데 비교적 중요한 의미가 있다고 생각하는 몇 편을 뽑아 감상해보고자 한다.

  그대 투명한 이빨 사이에서
  가지런히 눈부신 해가 떠오른다

  바람에 이는 가슴 가득
  하얀 동공은 날카롭다

  탁자 위에서 닫힌 지평이 눈을 뜬다

  그대가 잠든 밤이면
  맑은 허공 한 자락 입을 벌려
  들판 위에 끝없는 안개 풀어놓는다

눈뜨는 마을이 보이고

가슴 언저리로 물살 경쾌하게 뿜어 올린다

거품 일어서는 그대 심장 위로

날마다 떠나는 인간들의 흥겨운 노래 퍼져나간다

물결은 수평선까지 출렁인다
―「불타는 유리컵 1」 전문

이 시는 '유리컵'(술잔)과 '그대'를 오버랩한 환상 이미지를 그리고 있다. "그대 투명한 이빨 사이에서/가지런히 눈부신 해가 떠오른다"는 구절은 마치 한 장의 연출 사진을 보는 듯하다. "탁자 위에서 닫힌 지평이 눈을 뜬다"와 같은 구절은 표현주의 추상화를 떠올리게 한다. 거품이 가득한 술잔을 들이키는 '그대'는 아버지(남성)를 지칭하는 듯하며 세계의 타락을 부추기는 상징으로 확장된다. 무분별한 소비와 자본주의를 추앙하는 세태를 비판하는 윤리적 태도를 엿볼 수 있다. 그런데 "날마다 떠나는 인간들의 흥겨운 노래 퍼져나간다//물결은 수평선까지 출렁인다"라는 마지막 구절을 보면 바다에 접한 항구도시의 흥청거림 같은 것도 느껴진다. 제목의 '불타는 유리잔'은 세계의 낭만과 패망 사이를 넘나드는 매개물로 보인다. 먼 옛날 술의 신 디오니소스를 섬기며 축제와 놀이를 즐겼던 이오니아 사람들을 연상시키기도 한다. 같은 제목의

연작시 「불타는 유리컵 2」에서 시적 자아는 '그대'를 그리워하고 있는 듯하다. 아래의 시는 시인의 내밀한 상처를 드러내 보인다.

> 비 다녀가고, 두려움을 떨치지 못한 물방울들이 창에 매달려 있다. 새들은 낮은 집 담장 아래서 젖은 날개를 말린다. 가벼운 깃털의 무게만큼 새와의 거리가 좁혀진다. 물구나무선 가로수들의 그림자가 짙다. 19층 타워 빌딩에서 내려다보는 벤저민의 시선이 공포에 젖어 있다. 마주치지 말자, 눈 마주치지 말자. 젖은 수정체로 젖은 세상을 밀어낸다. 나는 조금씩 허공에서 밀려난다. 뒤틀린 세상의 뼈가 달아오를 무렵, 나를 바라보는 새들의 붉은 눈빛이 내가 극복해야 할 트라우마가 된다.
>
> ―「트라우마」 전문

미스터리 영화의 장면을 보는 듯한 알레고리가 내재된 시로 읽힌다. 시인은 과거로 되돌아가는 것을 두려워하고 있다. "19층 타워빌딩에서 내려다보는 벤저민"은 피츠제럴드의 소설 『벤저민 버튼의 기이한 사건』을 영화화한 〈벤저민 버튼의 시간은 거꾸로 간다〉에 나오는 한 장면으로 보이며, '벤저민'은 곧 '나'(시인) 자신일 테다. 시인은 비 그친 뒤의 풍경을 내려다보면서 자신의 상처를 생각하고 있다. 그 상처의 구체적인 내력은 밝히지 않고 있지만 공포와 관련한 아픈 기억일 것이다. "마주치지 말자, 눈 마주치지 말자. 젖은 수정체로 젖은 세상을 밀어낸다." '나'는 왜 눈물을 머금고 애써 세상을 밀어낼까. 과거의 상처를 가진 채 사회로부터 소외되고 배제되었다는 자괴감에 빠진 시인은 자신이 세상을 밀어내는 것이 아니라 외부의 환경에 의해 "조금씩 허공에서 밀려"나는 상황임을 드러낸다. 무언가 뒤틀리고 왜곡된 트라우마가 시인을 괴롭히고 있다. "새들의 붉은 눈빛"을 피해야 할 만큼 난감하고 수치스러운 기억이 무엇인지는 시인만이 알고 있을 것이다.

> 수도꼭지에서 흘러내린 물이 개수대를 빠져나간다
>
> 여운을 남기며 떨어지는 물줄기는 층계를 쓸어 담으며
> 강을 향하여 돌진한다
>
> 불빛을 따라 파장을 일으키며
> 시커멓게 변색된 몸이 점점 불어난다
>
> 꿈을 꾸며 흐르는 동안 온갖 세상은 정화된다
>
> 날이 어두워지는 사이
> 물줄기를 두고 온 불빛을 그리워한다

강물 위에서 햇살들이 서로를 껴안고 돌아가자
나는 부끄러운 몸을 물속 깊이 잠재운다

드디어 정결한 체온은
내 안 가득 달라붙은 얼룩을 지우며
출렁이는 물살 위에 눕는다

끝없는 부메랑의 연출은 감아올린 지평선을 게워내고
적막한 것은 외로운 섬이 된다

나는 흘러서 섬이 될 것이다
　　　　　─「나는 흘러서 섬이 될 것이다」 전문

　시에서 '나'라는 일인칭은 대체로 시인 자신과 동일시된다. 위의 시는 시인의 소망이 그대로 문장에 녹아들어 있다. 유동체인 물은 흐르면서 주위를 정화하는 역할을 한다. '나'는 스스로 물이 되어 흐르면서 오염된 세속의 도시를 정화하고 싶은 생각에 잠긴다. "꿈을 꾸며 흐르는 동안 온갖 세상은 정화된다" 물에 몸을 실은 시인은 스스로 죄를 덮어쓴 구도자처럼 대속의지를 드러낸다. 세상을 정화하고 강에 이르러 '정갈한 체온'을 회복한 시인의 몸(물)은 자연 상태의 순결한 몸이며 원래의 단독자로 돌아온 것이다. 시인은 더 넓은 자유가 기다리고 있는 바다로 나아가 고독한 섬이 되고 싶다고 한다. 부조리와 이해관계와 소란으로 얼룩진 디스토피아로부터 탈출하여 자신을 성찰하며 살고 싶은 마음을 읽을 수 있다.

> 반듯하게 선을 그으면 포물선이 허리를 편다
> 단절된 소음이 빗발치는 후미진 골목,
> 적막이 부풀어 오르는 틈새로
> 자벌레들이 기어 다니고
> 팽팽한 빗살무늬가 발아를 꿈꾼다
> 아치형 다리가 도시를 끌고 가는 사차선 도로
> 분산을 탐색하는 길 위에서
> LED 전광판이 망막을 흩뿌린다
> 이름 모를 꽃들이 메시지를 전송하고
> 티눈을 벗겨내는 오후가 제동을 걸어온다
> 변형된 모서리가 날개를 퍼덕이자
> 나는 나선형 태엽을 감아올린다
> 어둠은 허기진 길을 견인하고
> 다리 난간에서 아이들이 손을 흔든다
> 눈먼 새들이 날개를 저으며
> 텅 빈 마을의 모퉁이로 사라진다
> ―「칸딘스키의 포물선 1」 전문

서두에서도 말한 바 있지만, 신선 시인의 이번 시집에는 화가의 회화작품을 묘사한 시편들이 있다. 원본(텍스트)의 재해석 내지는 재활용이랄까…… '모방과 복제'는 포스트모더니즘의 '시뮬라크르' 개념을 생각할 수 있지만 이 시에서처럼 평면적인 묘사만으로는 새로운 가치를 만들어냈다고 볼 수 없을 듯하다. 이 시는 '점/선/면'이라는 개념을 통해 현대 추상회화의 이론과 형식을 정립한 칸딘스키의 대표적인 작품〈구성 8〉속에 보이는 여러 가지 선과 도형을 시적 모티브로 삼고 있다. 칸딘스키의 회화작품을 모르거나 미술사에 대한 기초적인 이해가 없으면 다소 난해하게 읽힐 수도 있겠다. '자벌레, 빗살무늬, 아치형 다리, LED 전광판, 꽃들, 오후, 날개, 태엽, 허기진 길, 아이들, 눈먼 새들, 마을' 등의 단어들은 작품 속의 도형과 선의 모양을 보고 시인이 상상하여 붙인 것들이다. 회화작품을 시의 형식으로 재현해 보여준 그 의도만으로도 시인의 실험정신은 높이 평가받아야 할 것이다. 다만 도형(선)과 사물 간의 기계적인 일대일 비유가 단조롭게 느껴지는 아쉬움은 남는다.

　　저문 들녘에 당도한 눈발이 퍼포먼스를 펼치자
　　정수리 희끗한 산등성이가 꿈틀거린다

초강력 환풍기가 눈보라를 일으키는 사이
세상은 하얗게 변한다

저만치서 성탄 캐럴이 은은히 걸어오고
종소리는 하염없이 능선으로 쓰러진다

전나무 숲이 크로마하프를 켜면
후크로 조절할 수 없는 진눈깨비가 춤을 춘다

지상을 아름드리 디자인하는 큰 손
부풀어 오르는 산들을 잠재운다

헐벗은 나무들의 새살이 차오르고
바람결에 나부끼는 가지들이 반짝인다

사람들은 불빛을 향하여 바삐 걸어가고
눈발에 잠긴 고목은 날개를 퍼득인다

깊어가는 어둠 속에서
교회당 희미한 불빛이 가물거린다

―「첫눈」 전문

인용 시는 성탄절의 이국적인 풍경을 보여준다. 눈, 종소리, 전나무 숲, 크로마하프 소리가 어우러진 풍경은 크리스마스 카드에서나 볼 법하다. '첫눈'이라는 제목에서부터 순결한 설렘과 소망을 담고 있다. 현실의 좌절과 과거의 상처로부터 벗어나서 깨끗한 마음으로 성탄절을 맞이하려는 시인의 소망이 정직하게 와 닿는다. 어둡고 부정적인 것들을 잠시 잊고 세상을 긍정적으로 수용하고자 하는 마음은 우리 모두가 가지고 있을 터이다. 자연과 사람이 하나로 어울리는 성탄절 풍경 속으로 들어가서 '첫눈'을 맞이하고, 밤에는 작은 교회당의 불빛 아래에서 간절하고 순결한 '첫 기도'를 드리고 싶어 하는 인간들의 마음을 대변하는 작품이라 할 수 있다.

한번 찢어진 상처는 쉽게 지워지지 않는다. 바람은 절망의 언덕에서 울부짖고 푸른 불빛이 세찬 물살을 거슬러 흐르면 살 속에서 뼈들이 통증을 자아낸다. 치솟아 올랐다 가라앉는 빙산들은 남극의 파도에 수장되고 시린 바다는 무의식 속으로 고통을 잠근다. 허공을 메우고 돌아가는 소용돌이, 아득한 꿈을 잠재우고 좀체 아물지 않는 고뇌는 아픔으로 비하된다. 거친 행보를 내달으면 상흔은 비로소 아린 흔적을 남긴다. 해 질 무렵 사내들은 팔레트를 펼치고 노을이 그려내는 슬픈 이야기를 스케치한다. 눈시울을 적시는 땅거미의 속살 안에서 어둠이 부끄러운 시간을 덮어준다. 관절이 아린 등을 쓸어낼 즈음 실어증에 걸린 그림자가 돌계단을 내려선다. 덧난 상처는 지울 수 없는 눈물이다.
─「상처, 라는 콘텐츠」 전문

 이 시는 시집 전체를 관통하는 화두가 담긴 시라고 생각해도 무방할 것이다. 앞에서 읽은 「트라우마」와 맥을 같이하는 시로 읽힌다. 서두에서도 말했지만 '상처'는 '얼룩', '여섯 손가락', '그대' 등의 단어와 함께 신선 시인의 내면의 불안과 결핍을 형성하는 중심 정서라고 볼 수 있다. "한번 찢어진 상처는 쉽게 지워지지 않는다." 이 시에서도 상처의 구체적인 '콘텐츠'(내력)는 드러나지 않지만 말하지 못하는, 말할 수 없는 상처의 사연 때문에 일생을 괴로워하고 있음을 알 수 있다. 스스로 통제한 결과이든 외부의 억압 때문이든 침묵을 견디는 것은 "살 속에서 뼈들이 통증을 자아"내는 일처럼 괴로운 일이다. 시인은 상처의 상황을 은유적으로 에둘러 표현하고 있다. '해 질 무렵 슬픈 이야기를 스케치하는 사내들', '땅거미의 속살 안에서 부끄러운 시간을 덮어주는 시간'이라든지, "관절이 아린 등을 쓸어낼 즈음 실어증에 걸린 그림자가 돌계단을 내려선다."는 구절들을 곰곰이 짚어보면 상처의 내용이 무엇인지 어렴풋이 알 것도 같지만, 필자 역시 말하고 싶지 않아서 독자에게 짐작을 미루고 싶다.

날마다 문을 나설 때면
너는 달려 나와 나의 가슴을 파고든다
무더위가 편서풍을 걷어 올리는 사이
너는 어깨 깊숙이 홈을 파고 늑골을 지운다
구겨 넣은 연체동물의 발꿈치가
거친 벌판을 날아오를 즈음
마트에서 사들인 기호품은 너의 어깨를 부풀리고
너는 형질이 다른 파열음과 뒤섞여
덧난 상처의 자국을 만든다
부풀어 오른 호밀빵은 쉽사리 뭉개지고
나풀거리는 머리카락 사이로 태양이 멈춘다
지퍼 없는 너의 출입구는 종일 입을 벌리고
가벼운 등판은 편견을 걷어낸다
너의 입안 가득 폭염을 뱉어내는 여름 한나절
짓무른 황도의 살갗이 벗겨진다
─「단순한 에코백」전문

에코백의 용도와 모양과 속성을 인격화하여 재미있게 쓴 시이다. 에코백은 패션의 비중이 높은 '핸드백'이라기보다 실용적인 '생활형 가방'의 이미지를 가지고 있다. 시인은 그런 에코백에 무한한 신뢰와 애정을 보낸다. 사람으로 비유하자면

수다분하고 착한 심성을 가졌을 법한 에코백은 시인이 외출할 때마다 동행하는 친구 같다. "무더위가 편서풍을 걷어 올리는 사이/너는 어깨 깊숙이 홈을 파고 늑골을 지운다"는 표현은 넉넉하고 아름답다. "구겨 넣은 연체동물"은 밑에 나오는 "부풀어 오른 호밀빵"을 비유한 것으로 '에코백'이라는 이름의 의미와 상통하는 자연친화적인 식품이다. 그런데 '마트에서 산 기호품' 때문에 에코백에 상처가 난다는 상상력은 다소 동화적인 느낌을 준다. 지퍼 없는 에코백의 개방성과 실용성, 자연친화적인 면을 좋아하는 시인은 외출할 때마다 에코백과 동행하며 사랑을 멈출 줄 모른다.

> 가면들이 눈을 치켜뜨고 있다
> 분장 속에 가려진 그늘이 거친 숨을 내뱉고
> 질서를 파괴하듯 우주를 밀어낸다
> 얼굴과 얼굴 사이에서 부딪히는 파열음이
> 말[言]의 먼지를 털어내고
> 머릿속에서 빠져나온 망상들은 푸른 생각을 삼킨다
> 가면에 둘러싸인 자화상의 감정이입
> 그로테스크한 형상들
> 틈새 기웃거리는 말의 뼈들이
> 빨간 모자를 쓴 남자의 머리맡에서 굴러다닌다
> 주름진 두개골 사이를 비집고

폭풍이 몰아친다
얼굴을 치켜들고 허공으로 쏘아대는 발화
입 밖으로 출입 못한 그리움이 비애를 연출한다
암막 커튼을 벗겨내면
거기, 아무에게도 들키지 않은
욕망이 꿈틀거리고 있다

—「블랙 마스크」전문

  시에 나오는 "가면들"은 여러 가지 인격을 숨긴 다중 자아를 상징한다. "분장 속에 가려진 그늘이 거친 숨을 내뱉고/질서를 파괴하듯 우주를 밀어낸다/얼굴과 얼굴 사이에서 부딪히는 파열음이/말[言]의 먼지를 털어내고"라는 문장을 따라 읽으면 마치 현대무용의 퍼포먼스를 보는 듯하다. 타자의 욕망을 가진 여러 인격들이 서로 다른 표정과 말로 각축하면서 이를 지켜보는 자아에게 사랑의 선택을 호소한다. 서로 자신의 사랑이 더 진실하다고…… 그러나 연극(퍼포먼스)이 끝나고 현실로 돌아오면 자신 속에 "아무에게도 들키지 않은/욕망이 꿈틀거리고 있"음을 고백한다. 겉으로는 진실한 사랑을 말하지만 속으로는 이기적이고 음흉한 '나'의 욕망을 반성해보게 하는 수작(秀作)이라 할 수 있다.

  예술이 언어의 욕망을 실현하는 하나의 형식이라고 할 때, 시는 은유와 상징을 통해 포에지를 의미화하는 데 공을 들여야 한다. 이 과정에서 자칫 시인의 의도가 필요 이상으로 노출되는 '메시지의 과잉'을 경계해야 함은 당연하다. 그런 점에서 신선 시인이 그동안 일관되게 우리에게 보여준 일련의 노력들은 마땅히 평가받아야 할 것이다. 모든 예술은 '드러나지 않게 들키는' 어떤 지점을 지향한다. 그 지점에서 공감(카타르시스)이 발생하고 이는 곧 미적 숭고함으로 이어진다.

시인동네 시인선 217

불타는 유리컵

ⓒ 신선

초판 1쇄 인쇄	2023년 10월 13일
초판 1쇄 발행	2023년 10월 20일
지은이	신선
펴낸이	김석봉
디자인	헤이존
펴낸곳	문학의전당
출판등록	제448-251002012000043호
주소	충북 단양군 적성면 도곡파랑로 178
전화	043-421-1977
전자우편	sbpoem@naver.com

ISBN 979-11-5896-618-8 03810

*이 책의 판권은 지은이와 문학의전당에 있습니다.
*양측의 서면 동의 없는 무단 전재 및 복제를 금합니다.
*잘못 만들어진 책은 바꿔드립니다.
*이 시집은 2023년 부산광역시, 부산문화재단 '부산문화예술지원사업'의
 지원을 받아 제작되었습니다.